DÉBUT D'UNE SÉRIE DE DOCUMENTS
EN COULEUR

CATALOGUE

D'UNE BELLE COLLECTION

DE TABLEAUX

PRÉCIEUX

Des Écoles Française, Flamande et Hollandaise

EXPOSITION PUBLIQUE

Le Dimanche 2 et le Lundi 3 Février 1851,
de midi à 4 heures.

MM. SIMONET et Ferdinand LANEUVILLE, Experts.

Prix : 50 centimes.

PARIS,
IMPRIMERIE DE GUIRAUDET ET JOUAUST,
RUE SAINT-HONORÉ, 338.
—
1851

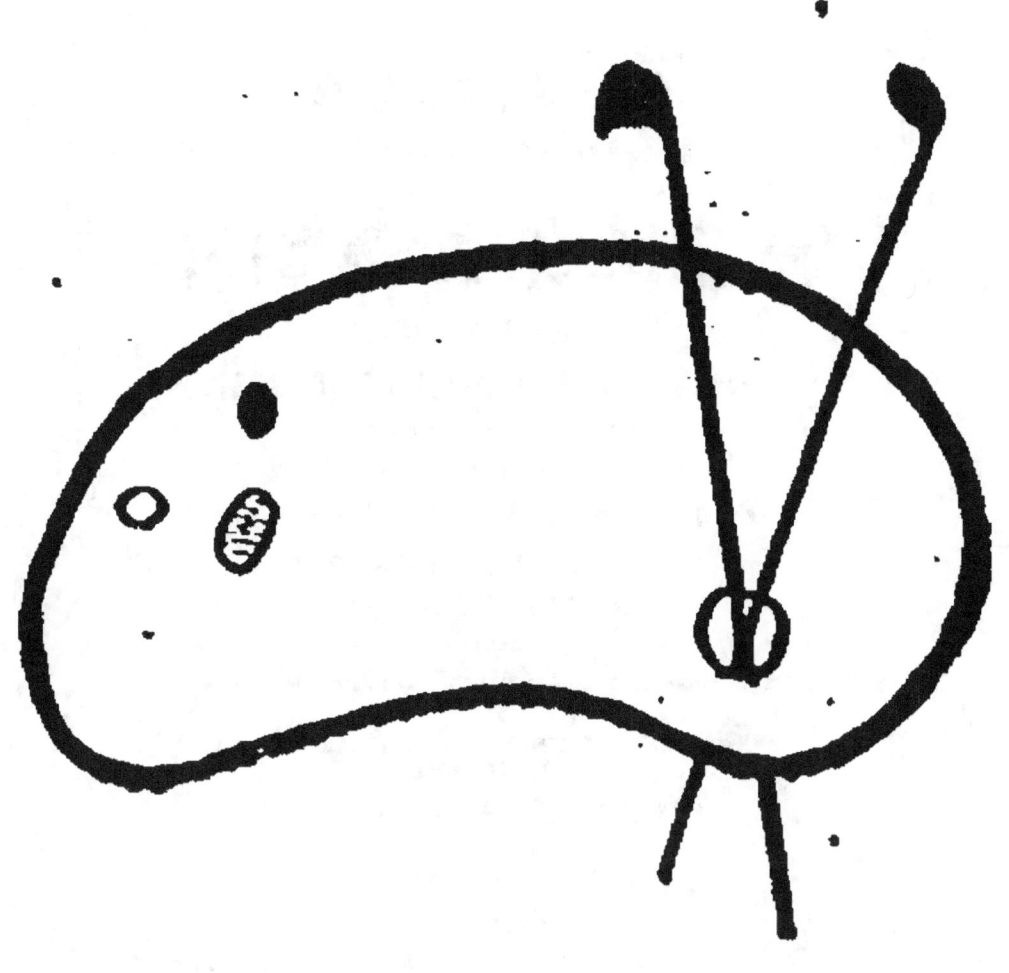

FIN D'UNE SERIE DE DOCUMENTS
EN COULEUR

CATALOGUE

D'UNE RICHE COLLECTION

DE

TABLEAUX

DES ÉCOLES

FLAMANDE, HOLLANDAISE ET FRANÇAISE

Provenant des Collections les plus célèbres

DONT LA VENTE AURA LIEU

Le Mardi 4 Février 1851, à une heure

HOTEL DES VENTES

RUE DES JEUNEURS, 42

SALLE N° 1

Par le ministère de M° RIDEL, Commissaire-Priseur
335, rue Saint-Honoré

Assisté de M. SIMONET, Expert de la Compagnie des Commissaires-Priseurs
11, rue d'Argenteuil

Et de M. Ferdinand LANEUVILLE, Expert, rue Cressarts, 44

———o0o———

Exposition publique
Le Dimanche 2 et Lundi 3 Février 1851, de midi à 4 heures

———o0o———

PARIS
IMPRIMERIE GUIRAUDET ET JOUAUST
338, RUE SAINT-HONORÉ

—

1850

CE CATALOGUE SE TROUVE

Chez MM.

Paris	Ridel, Simonet et Laneuville.
Lille	Tencé.
Lyon	Odier.
Marseille	Valli et Tassy.
Montpellier	Roger.
Toulouse	Lasard.

ANGLETERRE.

Londres	Schmih, Mawson et Parer.

BELGIQUE.

Anvers	Van Regmorter.
Bruxelles	Heris et Etienne Leroy.
Liège	Horn.

HOLLANDE.

Amsterdam	De Lélie.
Rotterdam	Lam.

ALLEMAGNE.

Vienne	Artaria et compagnie.
Berlin	Reimer.

SUISSE.

Berne	Lami, fils.

ITALIE.

Turin	Boucheron.
Milan	Vallardi.

Conditions de la Vente :

Il sera perçu cinq pour cent en sus de l'adjudication.

ABRÉVIATIONS EMPLOYÉES DANS CE CATALOGUE :

T.	Toile.	h.	hauteur.	cent.	centimètres.
B.	Bois.	l.	largeur.	mil.	millimètres.
C.	Cuivre.	m.	mètre.		

AVERTISSEMENT.

Les tableaux qui composent la collection dont nous donnons ci-après le catalogue ont presque tous figuré dans des galeries célèbres, telles que celles de MM. Lormier, Lerouge, lord Welesley, Rastock, Dubois, Paul Périer, le chevalier Erard, le comte Perregaux, Patureau et autres.

Bien que peu nombreuse, cette précieuse collection offre des ouvrages authentiques des maîtres dont les noms suivent :

Backuysen, Berchem, Albert Cuyp, Demarne, Droling, Greuse, Hobbema, Pierre de Hoog, Paulus Potter, Pynaker, Jacques Ruysdaël, David Teniers, Guillaume et Adrien Vanden Velde, Vander Neer, Philippe Wouvermans, etc.

Tout en voulant nous abstenir de tout éloge, nous avons cru devoir reproduire pour la plupart des tableaux les descriptions contenues aux catalogues des collections d'où ces tableaux provenaient.

Les descriptions d'ailleurs sont plutôt utiles pour les amateurs de province et de l'étranger qui recevront notre catalogue, que pour ceux de la capitale, appelés à voir et à juger par eux-mêmes dans les deux jours d'exposition qui précéderont la vente.

Le propriétaire avait l'intention de faire lithographier sa collection ; mais des circonstances imprévues l'ont arrêté au début, de sorte qu'il n'y a eu que six lithographies de terminées au moment de faire imprimer le catalogue.

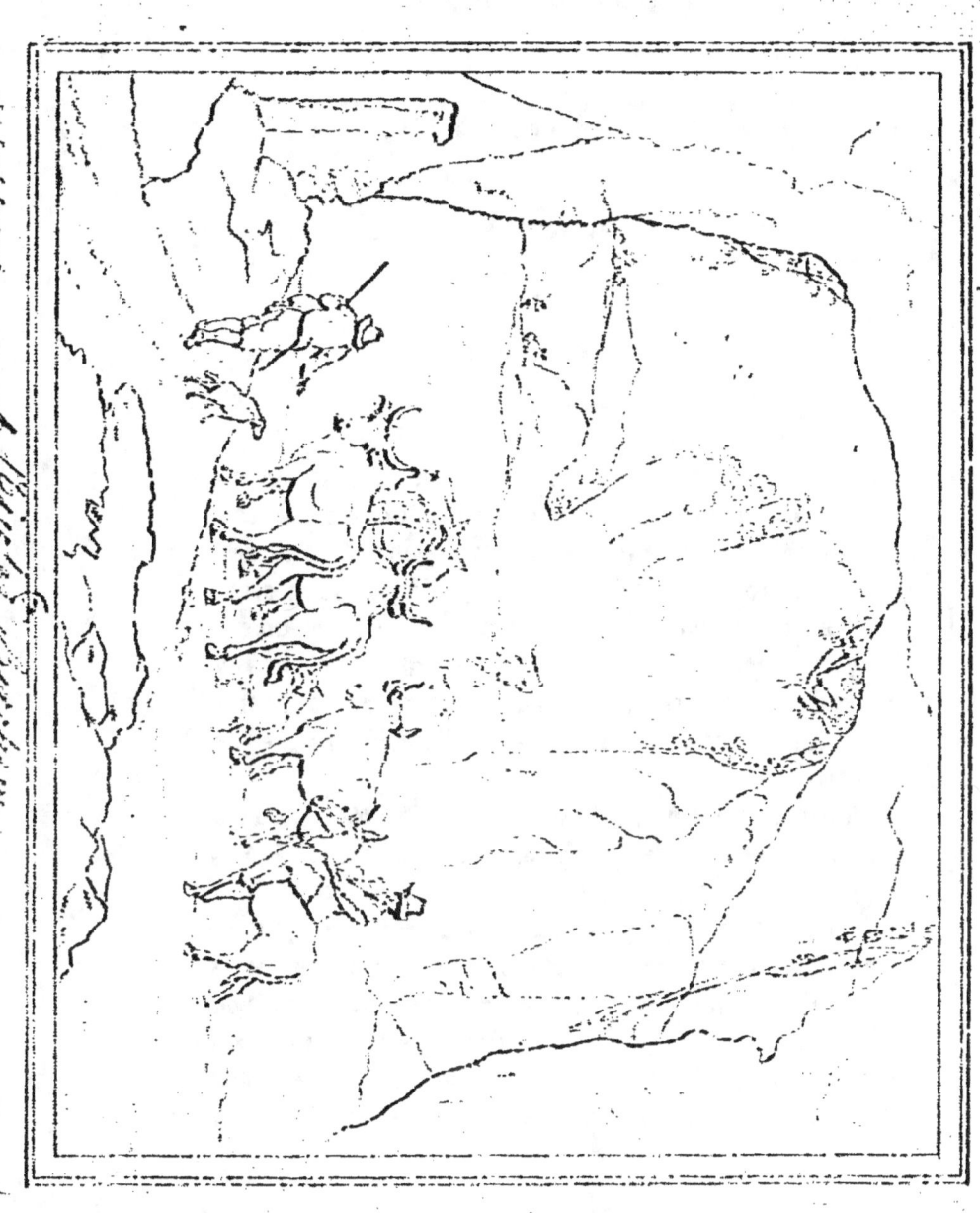

DÉSIGNATION

DES TABLEAUX.

BERCHEM (Nicolas).

Paysage.

1. — Sous une voûte formée de rochers, un pâtre, monté sur son mulet, pousse devant lui trois belles vaches de couleurs différentes et deux moutons, qui viennent de traverser une mare ; un autre mulet, chargé de paniers, marche en tête du troupeau ; plus loin, une femme portant un paquet sur sa tête, et à gauche, sur le devant, un homme suivi de son chien. Les autres plans, tous garnis de masses rocailleuses, laissent voir au loin une villageoise précédée de son âne.

Soit que Berchem déploie aux yeux enchantés une de ces belles et riantes natures des champs embellies par la végétation, où le voyageur et la bergère trouvent à se reposer à l'ombre de magnifiques massifs d'arbres, soit qu'il se plaise à nous transporter dans des lieux d'un aspect moins riant, il ne saurait cesser de frapper notre imagination. Son secret est dans la représentation fidèle de la nature, tant dans ses effets aériens que dans ses formes sensibles ; mais c'est surtout comme peintre d'animaux que se décèle son talent dans ce tableau, que nous classons parmi ceux qui font le plus d'honneur au pinceau de Nicolas Berchem.

(Cabinet de M. Patureau.)
B. h. 39 cent., l. 52 cent.

BERCHEM (Nicolas).
La Rentrée à la ferme.

2. — Ce tableau représente la vue d'une contrée d'Italie, prise dans des sites montagneux et entrecoupés de vallées fertiles. A main gauche est un cabaret sous une arcade taillée dans le roc. Un voyageur qui paraît fatigué de la route est assis à la porte et s'essuie la figure d'une main, tandis que de l'autre il tient un verre de vin qu'une servante vient de lui verser. La maîtresse du logis est sur le seuil de sa porte et regarde un laboureur à cheval, qui revient des champs avec sa charrue; il cause avec le cabaretier. Plus loin, un villageois conduit une charrette attelée d'un cheval; d'autres figures dans le lointain, et sur l'arcade une femme qui étale du linge.

Des montagnes se dessinant légèrement à travers les vapeurs jaunâtres de l'atmosphère terminent le point de vue.
B. h. 49 cent., l. 41 cent:

BERCHEM (Nicolas).
Le Passage du gué.

3. — On remarque à droite, près d'un aqueduc en ruines, une femme à cheval, ayant près d'elle un âne et deux

vaches; elle vient de sortir d'un gué que traversent trois autres vaches, deux moutons et une chèvre. Elle cause avec un pâtre en attendant le reste de son troupeau. Plus loin, du même côté, sous une arcade, un villageois suivi de son chien chasse devant lui quelques bestiaux; à gauche, sur le bord de la rivière, un homme conseille à un jeune garçon armé d'un bâton de corriger un âne mutin qui refuse de passer le gué; près d'eux est un chien. On voit plus loin des collines d'un ton bleuâtre, sous un ciel bien nuagé.

(Cabinet de M. Paul Périer, n° 3 du Catalogue.)

B. h. 39 cent., l. 54 cent.

BACKUYSEN (Ludolphe.)

Mer houleuse.

4. — Le vent qui souffle avec violence enfle les voiles de plusieurs bâtiments voguant sur une mer houleuse. Le ciel déjà chargé de sombres nuages annonce l'approche d'un gros temps; un vaisseau de guerre hollandais, à ce présage sinistre, a amené la majeure partie de sa voilure, et se prépare à subir la tempête en courant sur ses basses voiles. A droite plusieurs barques de pêcheurs luttent contre les vagues qui semblent prêtes à les engloutir. Du même côté, on aperçoit des dunes à l'horizon.

Le mérite de Backuysen nous dispense de faire l'éloge de ce tableau, qui, selon nous, est le chef-d'œuvre de ce maître. Qu'il nous soit permis de dire seulement qu'il y en a peu de cette importance, et qu'il représente enfin une mer agitée ainsi que le désirent les amateurs éclairés.

T. k. 1 m. 1 cent., l. 1 m. 40 cent.

CUYP (Albert).

Le Manége.

5. — Une nombreuse compagnie de cavaliers se livrent, dans l'intérieur d'un parc, à divers exercices d'équitation. Là c'est un groupe de spectateurs regardant deux écuyers faisant tourner leurs chevaux autour d'un poteau ; ici l'attention de deux autres personnes montées sur des coursiers de couleur roussâtre et brune est captivée par la savante manœuvre d'un bel andaloux blanc qui piétine au commandement de son maître, et lève alternativement chacun de ses pieds ; à droite enfin, et en négligeant beaucoup d'autres épisodes, des enfants de tout âge sont rassemblés, et semblent occupés à considérer attentivement les divers exercices que font les cavaliers. Un jeune garçon tient un gros dogue en laisse ; plus près, un chien aboie après les chevaux.

Le fond présente une porte cintrée, qui laisse apercevoir la campagne ; un massif d'arbre formant rideau masque la vue des lointains.

Tout est naïf, vrai, ravissant, dans ce tableau, riche de vingt-cinq figures et animaux. Cuyp n'a jamais mieux peint ; jamais il n'a été plus coloriste.

B. h. 41 cent., l. 49 cent.

DESMARNE,

Paysage traversé par un canal.

6. — On remarque un bac dans lequel des paysans font entrer des bestiaux ; sur les deux rives de riches campa-

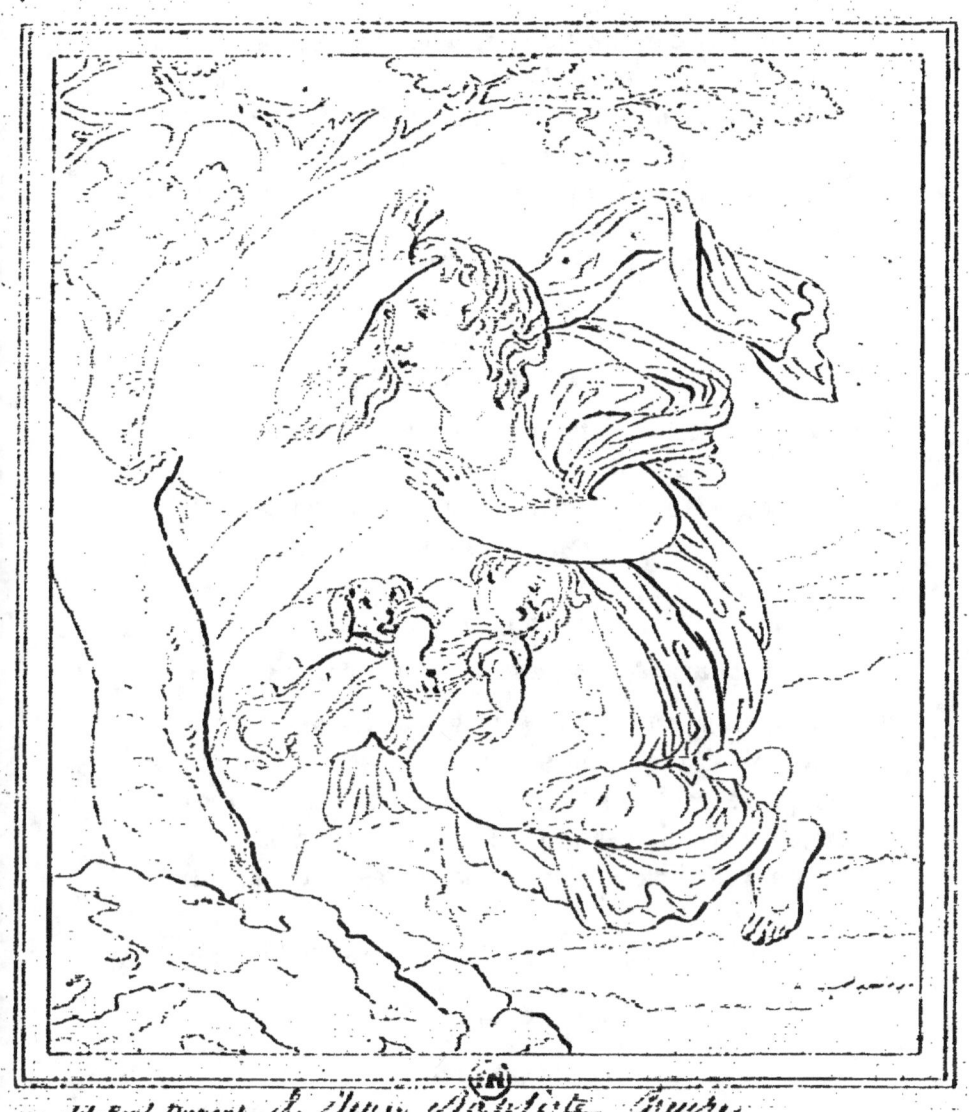

Lit. Paul Duport. *Jean Baptiste Greuze*

gnes et fabriques. Ce tableau, d'un effet piquant, réunit toutes les qualités qui font rechercher les ouvrages de cet habile artiste, qui s'est plu à faire entrer dans cette composition beaucoup de figures et un grand nombre d'animaux, tels que chevaux, bœufs, vaches, chèvres, moutons et brebis.

B. h. 50 cent., l. 67 cent.

DROLING.
Le Marchand de mouchoirs.

7. — Ce tableau a toujours été signalé comme étant le chef-d'œuvre du maître.

Il est gravé et provient du cabinet du duc de Bassano.

T. h. 61 cent., l. 80 cent.

GREUSE (J.-B.).
Jeune femme effrayée par l'orage.

8. — Elle est presque agenouillée vers son enfant, qui dort profondément et qu'un chien caresse; sa main droite est portée au dessus de ses yeux, elle regarde au loin et prête l'oreille avec attention; sa figure exprime l'inquiétude et l'effroi d'être surprise par l'orage au milieu de la campagne.

B. h. 70 cent., l. 58 cent.

HOBBEMA.
Paysage.

9. — Ce tableau provient de la vente du chevalier Erard, où il est décrit, sous le n° 86, de la manière suivante : Pour-

quoi ce paysage, tout simple qu'il est, fait-il éprouver une sensation aussi agréable que subite? Pourquoi appelle-t-il et attache-t-il ainsi le regard de l'amateur? C'est que l'effet n'en est pas ordinaire, quoiqu'il soit très naturel. Ce coup de soleil, cette lumière vive et dorée, entourée de vigoureuses demi-teintes dans lesquelles elle se fond par degrés, produisent moins un contraste piquant qu'une sorte de clarté magique, qu'il serait difficile à l'art de rendre avec plus de bonheur. Du reste, comme nous l'avons dit, ce tableau n'offre qu'un site de la plus grande simplicité.

Une route qui aboutit en ligne droite à quelques bouquets d'arbres occupe les devants et une partie de la gauche du point de vue. Du côté opposé, un petit canal sépare ce chemin d'un parterre bordé d'une double rangée d'ormes, à travers lesquels on aperçoit une maison de plaisance. C'est sur cette maison, ainsi que sur les arbres et le terrain au milieu desquels elle est placée, que tombe le rayon de soleil qui donne à ce paysage un charme tout particulier. Quelques figures, ouvriers et promeneurs, animent cette partie du tableau. Sur la route se voient des piétons, des cavaliers, et un carrosse attelé de deux chevaux.

L'extrême rareté des ouvrages d'Hobbema, on pourrait presque dire l'impossibilité de s'en procurer, nous obligent d'appeler sur celui-ci l'attention des amateurs.

T. h. 92 cent., l. 1 m. 16 cent.

HOOG (Pierre de).
Le Retour du marché.

10. — Une servante hollandaise montre à une autre femme assise, épluchant des navets, le poisson qu'elle vient d'a-

cheter. Cette dernière figure est charmante et pleine de naïveté. Elle sourit aux propos que lui tient sa compagne; son ajustement ne manque pas d'élégance : elle est coiffée en cheveux bouclés, vêtue d'un casaquin rouge bordé de fourrure. Elle est assise près de la cheminée; un chaudron est sur le feu; à ses pieds est un plat contenant un poisson; au milieu du sujet, un chien près d'un berceau; dans le fond, une porte restée ouverte laisse apercevoir le surplus de l'appartement, éclairé par les rayons du soleil, et un noble personnage descendant de l'escalier; les accessoires et ustensiles de cuisine, comme chaudron, plats, cage, sont touchés avec autant de finesse que de franchise.

T. h. 82 cent., l. 70 cent.

PULLIGO.

11. — Sainte Famille.

B. h. 61 cent., l. 46 cent.

PINAKER (Adam.)

Paysage.

12. — Le deuxième plan à droite offre un bois touffu sur des terrains élevés; à travers les sinuosités dont ils sont sillonnés, descend une chute d'eau dont le cours, contrarié par des roches, forme plusieurs cascades en passant près d'une chaumière, et vient baigner le devant. Au milieu, sur le même plan, un groupe de bouleaux est frappé vivement des rayons du soleil, ce qui forme un contraste agréable avec le clair-obscur et les demi-teintes du paysage; la gauche offre la vue d'un pays montagneux baigné par une rivière. Sur le

devant, un noble personnage, monté sur un cheval blanc, se dirige au galop vers la forêt; il est précédé d'un levrier et suivi d'un valet portant des faucons; arrive ensuite une jeune dame, à cheval, tenant un faucon sur le poing qu'elle excite à s'envoler.

Ce site paraît avoir été pris dans les Alpes ou dans la Suisse; sa végétation vigoureuse est l'image d'une nature imposante à laquelle les yeux ne sont point accoutumés.

T. h. 1 m. 1. cent., l. 1 m. 41 cent.

POTTER (Paules).

Paysage et repos d'animaux.

13. — Ce tableau est cité dans l'œuvre de M. Schmit, d'où nous traduisons à peu près la description.

La vue représentée est une prairie montueuse avec un courant d'eau sur le devant, dans lequel est venue boire une vache de couleur roussâtre; à gauche, sur un monticule, un seigneur hollandais et son épouse sont assis sur le gazon et jouissent de la fraîcheur d'une belle soirée d'été : on suppose que ce sont l'artiste et sa femme. Derrière eux est une vache que, sans doute, une paysanne vient de traire; elle tient un vase et leur parle en passant; un peu plus loin, près d'une rangée de grands ormes, une vache broute l'herbe; du côté opposé, au bas du monticule, on voit deux autres vaches couchées de compagnie. Un rayon de soleil partant d'un ciel partiellement obscurci forme des ombres prolongées au déclin du jour.

Ce beau tableau, enrichi de trois figures, cinq vaches et un chien, est du meilleur temps du maître, et a fait partie

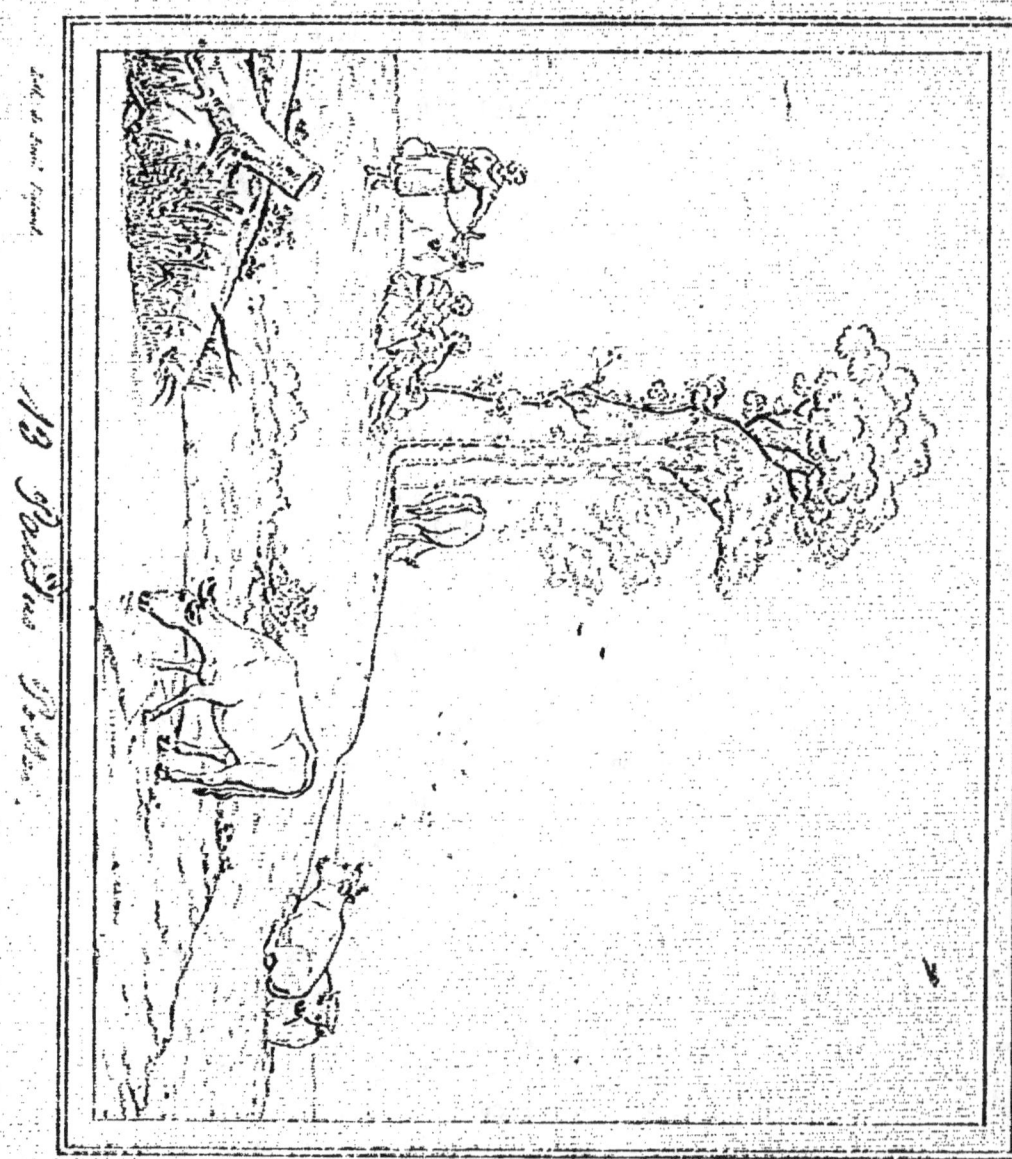

de la célèbre collection Lormier, puis de celle du comte de Radstock. Vendu en 1826 855 guinées, ou 22,230 fr.

B. h. 31 cent. 5 mill., l. 40 cent.

REMBRANDT.
L'Homme à la canne.

14. — Portrait d'homme en pied, connu sous la dénomination de *l'Homme à la canne.*

Ce portrait paraît être celui de Rembrandt à l'âge de 35 ans. Il est représenté debout, en costume arménien, coiffé d'un turban surmonté d'une aigrette. Sa figure, vue de face, est encadrée dans une chevelure brune qui tombe sur ses épaules; le bras droit, dont le poignet est appuyé sur la hanche, sort de dessous un manteau de velours qui recouvre le bras gauche, dont la main est appuyée sur une canne; une ceinture d'or et de soie, après avoir enveloppé le corps, retombe en écharpe sur une tunique brodée et frangée. A gauche un casque est posé sur une table.

On sait que Rembrandt s'est plu à répéter bien des fois son portrait à différentes époques de sa vie, mais rarement en pied. Nous ne connaissons de ce célèbre artiste que deux productions de ce genre, l'une provenant de la collection du comte de Vaudreuil, et vendue 16,687 fr. en 1840, dans la vente de M. Schamp d'Aveschoot, de Gand; et celle décrite ci-dessus, provenant de la collection Lerouge, vendue en 1818, de M. Nieuwhuys père, et citée dans l'ouvrage de M. Schmit sous le n° 229. (*Note communiquée.*)

B. h. 70 cent., l. 50 cent.

ROMEYN (Van).
Le Pâturage.

15. — A gauche, sur un monticule, un troupeau de bœufs et vaches, au nombre de sept, paissent ou se reposent. Du côté opposé, vers le premier plan, des canards barbottent dans une mare. Le fond est montagneux.

T. h. 48 cent., l. 69 cent.

RUYSDAEL (Jacques).
Paysage.

16. — On voit à droite une forêt sur une éminence formée de rochers parmi lesquels s'échappent une grande quantité de filets d'eau, forment cascade et baignent le devant de la composition. Du côté opposé un pays montagneux.

T. h. 61 cent., l. 72 cent.

RUYSDAEL (Jacques).
Paysage et chute d'eau.

17. — Le milieu du site est baigné par une rivière qui coule entre des bords escarpés, et forme cascade; les eaux, contrariées dans leur cours, se livrent passage entre quelques roches et viennent baigner le devant. A gauche, sur un terrain élevé, on voit une chaumière près de quelques arbres. Du côté opposé la vue est bornée à l'horizon par des montagnes.

« Des nuages chassés par le vent courent sur l'espace clair et vaporeux du ciel.

T. h. 67 cent., l. 58 cent.

RUYSDAEL (Jacques).
Vue du château de Bentheim.

18. — Ce tableau est connu sous la dénomination de l'*Arbre mort*. C'est la représentation d'après nature d'un pays dont Berchem aimait beaucoup à peindre les sites.

A droite, sur une montagne, est bâti le château de Bentheim, qui se détache en lumière sur un ciel nuageux, avec lequel il forme opposition. Au bas, une forêt s'étendant jusqu'à l'horizon, et à gauche, vers le second plan, se présente la lisière d'une épaisse forêt percée d'un chemin en avant duquel est un magnifique chêne dans toute la vigueur de la végétation ; vis-à-vis est l'*Arbre mort*, dépouillé de ses branches. Une large échappée donne du jour au milieu du point de vue et met à découvert plusieurs plans lointains. Une mare baigne le devant du chemin, sur lequel est un homme debout, parlant à une femme assise sur l'herbe, à côté d'un enfant.

B. h. 38 cent., l. 46 cent.

RUYSDAEL (Jacques).
Le Coup de soleil.

19. — Vue prise aux environs d'Harlem.

« Ruysdaël a pris ce beau site dans les dunes, à une

» lieue environ d'Harlem. Il déroule dans cette vue per-
» spective tout le magnifique pays qui précède de ce côté
» la ville, et qu'on appelle vulgairement la *Prairie des Moi-*
» *nes*. Des blanchisseries, des maisons, des moulins à vent,
» les ruines d'un vieux château entremêlées de buissons et
» d'arbres, garnissent en demi-teinte tout le deuxième
» plan de ce panorama. Plus loin la ville avec sa magnifi-
» que église jaillit lumineusement de ce paysage, éclairé par
» les rayons du soleil, qui s'échappent à travers les nuages
» qui flottent au ciel. Enfin, à sa droite, on aperçoit, à une
» grande distance, une partie de la mer appelée *Lac de*
» *Harlem*. Tout à fait sur le devant, sur les dunes sablon-
» neuses, des pâtres et des bergères sont occupés à garder
» leur troupeau.

» Il est impossible de voir un tableau plus enchanteur.
» Il est lumineux et du faire le plus précieux du maître.
» Les charmantes figures dont il est orné sont attribuées à
» *Adrien van de Velde*. »

(Collection du colonel Birré, de Bruxelles, n° 20 du Catalogue.)

T. b. 54 cent., l. 68 cent.

SNAYERS (Pierre).
Choc de cavalerie.

20. — Dans un pays en partie boisé, sur une éminence, des cavaliers se livrent un rude combat. On voit, sur le devant, des hommes et des chevaux étendus morts. A gauche, près de la lisière d'un bois, d'autres cavaliers repoussent un parti ennemi.

B. h. 47 cent., l. 62 cent.

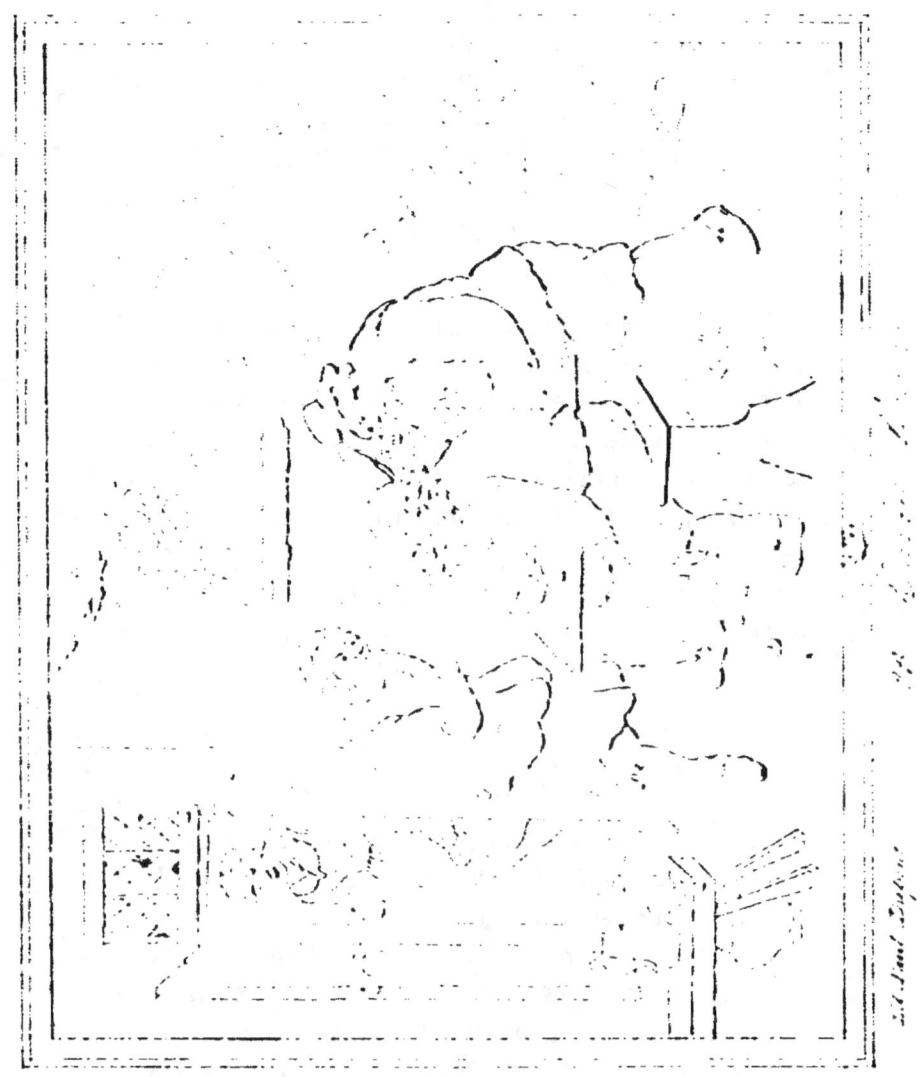

STEEN (Jean).
La Musicienne.

21. — Une jeune Hollandaise touche du piano en présence de deux cavaliers qui l'écoutent; l'un deux accepte un verre de liqueur que la servante lui présente.

TENIERS (David).
Le Concert de village.

22. — Au milieu d'une salle rustique, une femme et quatre hommes entourent une table sur laquelle est un papier de musique; tandis que deux d'entre eux jouent de la vielle et de la musette, les autres chantent à gorge déployée et attirent l'attention de deux villageois que l'on aperçoit accoudés sur l'appui d'une fenêtre qui est dans la salle. A gauche, une porte ouverte laisse apercevoir un curieux qui écoute. Ce tableau, si plaisant, si spirituel et si vigoureusement peint, provient de la collection de Louis-Bonaparte.

B. h. 38 cent., l. 60 cent.

TENIERS (David).
Le Cabaret de village.

23. — Ce tableau faisait partie de la collection de M. le comte de Perregaux, sous le n° 35 du Catalogue, où il est décrit de la manière suivante :

Une cour enclose entre le mur de la maison dont elle dépend, et une forte palissade qui permet à l'œil de passer au dessus d'elle pour parcourir un charmant petit bout de paysage montagneux que traverse un homme suivi de son chien, renferme deux tables autour desquelles sont rangés des paysans, les uns debout, les autres assis sur des baquets renversés, sur des escabeaux, ou sur des bancs. A la table la plus éloignée on est tout absorbé dans une partie de cartes. Quant à la table qui occupe le devant du tableau, non loin d'un banc près duquel est une cruche rouge et qui porte un grand pot d'étain avec un verre, c'est elle qui attire principalement les regards : là, cinq campagnards d'âges différents, et remarquables par ces attitudes, par ces expressions, par ces airs de tête, que Teniers transportait magiquement de la nature sur la toile, sans leur faire subir la moindre altération, donnent tous les signes d'une attention profonde dans l'action qu'ils accomplissent. Il s'agit, en effet, d'une importante affaire : le quart d'heure de Rabelais est venu, et les dés vont décider qui paiera la dépense. Nous avons bien peur que ce ne soit ce jeune paysan à la mine encore candide, qui attend avec un sérieux si complet le dé prêt à s'échapper de la main d'un vieux matois debout à l'extrémité de la table. La maîtresse du cabaret paraît sur le pas de la porte, tenant d'une main un plateau de bois avec du tabac et une pipe dessus, et de l'autre une cruche de bière.

Tout l'esprit de Teniers étincelle dans cette composition, où se montrent la naïveté, la simplicité et la vérité villageoises, qui font le charme de la plupart de ses meilleurs tableaux. C'est encore sa touche vive, légère et facile. Il y en a de plus terminés, sans doute; mais nous ne le regrettons pas, car ils y ont plus perdu que gagné peut-être, et d'ailleurs celui-ci est autant rendu que le plus fini, outre que, pour la façon dont il est éclairé, il peut compter parmi les plus remarquables du maître. Ce sont partout des coups de

lumière d'un effet piquant et hardi. L'air circule admirablement bien autour des figures, qui sont on ne peut mieux groupées, avançant ou reculant avec une justesse parfaite, suivant la place qu'elles doivent occuper. La couleur est séduisante par son ton argentin et par son harmonie. En un mot, ce tableau peut passer pour un abrégé de toutes les qualités qui distinguent la manière la plus estimée de Teniers.

B. h. 33 cent., l. 40 cent.

VELDE (Adrien Vandes).
Paysage pastoral.

21. — Une bonne villageoise assise au milieu d'une prairie trait une vache; une chèvre, trois moutons et trois autres vaches paissent, ruminent ou se reposent autour d'elle; quelques arbres, des côteaux boisés, de jolis lointains, sous un ciel clair, brillant et légèrement nuagé.

Ce tableau est assurément très remarquable dans toutes les parties de l'art; mais il se distingue surtout, entre les productions de l'auteur, par un coloris plein de fraîcheur et d'éclat.

(Collection de M. Couteaux, de Bruxelles.)

T. h. 35 cent., l. 44 cent.

VELDE (Guillaume Vandes).
La Flotte en partance.

23. — Une flotte hollandaise composée d'environ douze navires de guerre et de commerce se dispose à mettre à la voile; déjà le vaisseau amiral vient de donner le signal du départ en tirant le canon; tous les équipages de ces bâti-

ments sont dans un grand mouvement; une douzaine de chaloupes remplies de matelots se dirigent à force de rames vers les navires.

Cette riche composition offre une mer calme comme les amateurs les aiment. La manière savante avec laquelle les bâtiments sont disposés offre un spectacle des plus imposants et des plus variés. Un ciel légèrement nuagé se reflète dans l'eau, donne un accord parfait d'harmonie à ce tableau, digne de fixer l'attention de nos premiers amateurs.

T. h. 63 cent., l. 79 cent.

VANDER NEER.

Canal glacé.

26. — Près de la ville d'Amsterdam, à l'endroit où l'Amstel prend le nom de canal d'Utrecht, plus de trois cents patineurs se trouvent, par une belle journée d'hiver, dispersés sur la glace, et se livrent aux divertissements qu'offre cette saison. C'est une scène aussi variée, aussi vaste qu'animée. Les uns vont à patin, les autres vont en traîneau, d'autres jouent au croc, et d'autres enfin se heurtent au milieu des rires les plus expansifs. Vers la droite on voit la porte d'entrée de la ville, qui était fortifiée à l'époque où ce tableau fut peint, et qui est aujourd'hui remplacée par un beau pont, appelé le pont des Amoureux; vers la rive gauche se trouvent des cabarets et d'autres maisons villageoises. Au milieu, en partant du premier plan du tableau, le canal se prolonge à une distance immense jusqu'au milieu de la ville.

Ce tableau peut être considéré comme l'ouvrage le plus

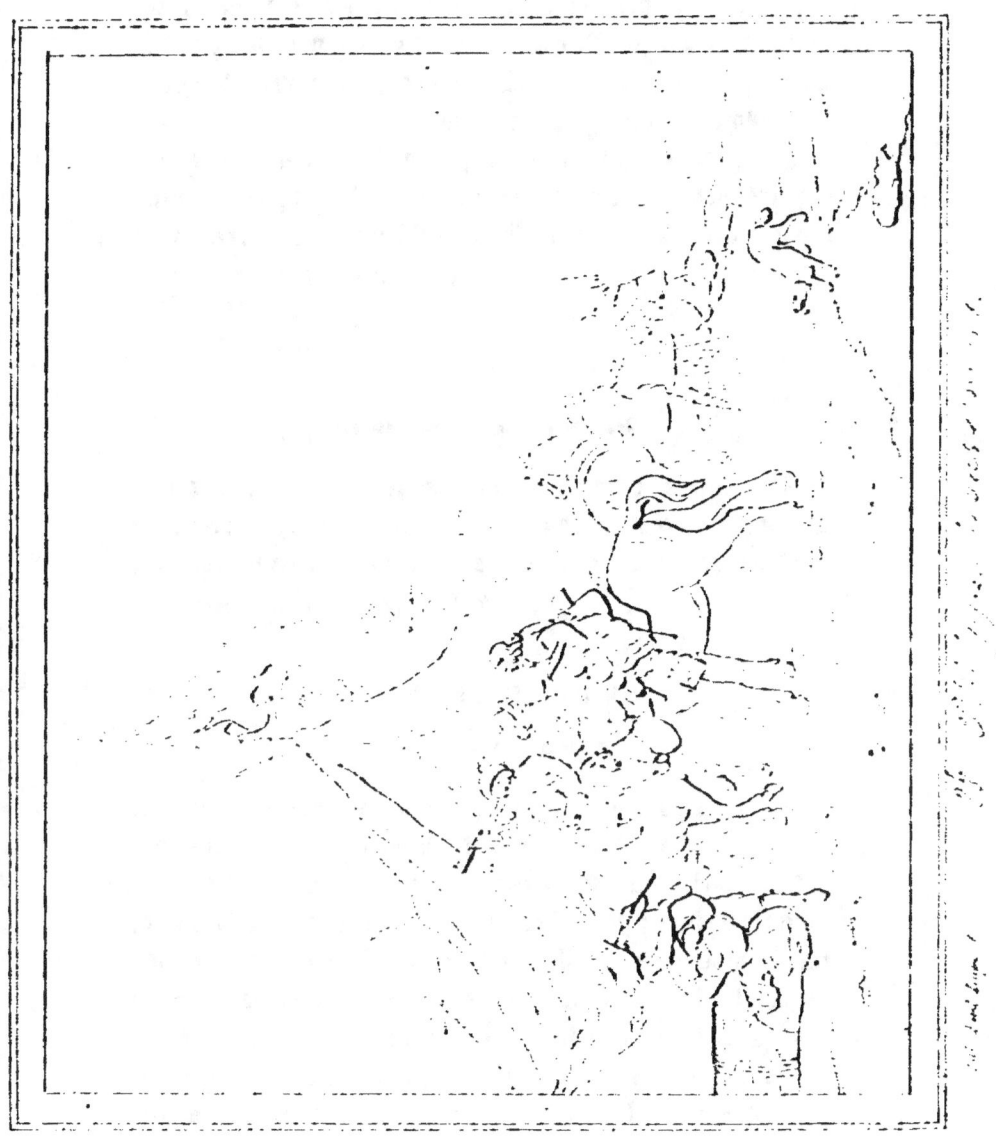

capital dans ce genre qui soit sorti du pinceau de ce savant artiste. La couleur en est brillante ; c'est un mouvement et un pêle-mêle de figures tel qu'on se croit transporté sur le lieu même de cette scène joyeuse.

En 1826, ce tableau faisait partie d'une belle collection appartenant à un amateur distingué de Groningue ; ensuite il passa dans la collection du colonel Birey, de Bruxelles.

T. h. 75 cent., l. 1 m. 10 cent.

VEENIX (Jean-Baptiste).

Paysage et Animaux.

27. — Des bergers, en conduisant leurs troupeaux aux champs, trouvent un enfant allaité par une chienne près d'un tombeau sur lequel sont placés une couronne est un sceptre.

T. h. 72 cent., l. 1 m. 14 cent.

WOUVERMANS (Philippe).

Halte de cavaliers.

28. — A gauche, devant une tente, des cavaliers se sont arrêtés; l'un tient un verre de liqueur qu'il se dispose à vider, tandis que son camarade a mis pied à terre pour allumer sa pipe; près d'eux un soldat courtise la cantinière, un trompette sonne le boute-selle. Plus loin, au milieu du sujet, deux cavaliers tenant leurs chevaux par la bride regardent leurs camarades qui sont occupés à tirer les cartes sur un tambour ; dans le fond, à droite, l'intérieur d'un camp et des cavaliers. On nous communique une

— 22 —

note dans laquelle il est dit que ce tableau a fait partie de la première collection du duc de Berry. Cela ne nous étonne pas, il était bien digne de figurer dans cette collection, et mieux encore dans un musée.

B. h. 33 cent. 5 mill., l. 41 cent,

WOUVERMANS (Philippe).

Le Coup de l'étrier.

29. — On remarque à droite, devant une tente, un officier à cheval, fixant avec plaisir la liqueur qu'une servante vient de lui verser; pendant ce temps un militaire s'empresse de l'embrasser, car le trompette sonne le départ; près de ce dernier, un officier tient son cheval par la bride. A gauche est un groupe de soldats, à peu de distance d'un pauvre qui demande l'aumône à un cavalier. Dans le fond, des militaires s'amusent à jouer aux cartes sur un tambour. Des enfants, des chiens, des poules, ornent cette composition, riche de plus de vingt-cinq figures et animaux.

« On devrait, à l'égard de certains peintres, s'abstenir
» de tout éloge; le nom seul de l'artiste le prononce, car
» tout le monde connaît le mérite et la supériorité des
» batailles, des chasses, des marchés aux chevaux, et des
» haltes de cavalerie de Wouvermans. »

Pendant du précédent.

(Collection Dubois, 1840, n° 115 du Catalogue.)

B. h. 33 cent. 5 mill., l. 41 cent.

WYNANTS (Jean).

Paysage.

30. — Sur un monticule boisé et traversé par un chemin, se voit un gros chêne en partie dépouillé de ses feuil-

les. Vers le milieu, une rivière bordée par un terrain couvert de gerbes de blé; dans le fond, des montagnes boisées.

Des figures bien distribuées, un tronc d'arbre, de belles plantes sauvages, des broussailles, et autres détails, meublent ce tableau.

T. h. 67 cent., l. 80 cent.

WYNANTS (Jean).

Paysage.

31. — Le milieu est traversé d'un chemin, sur lequel circulent des cavaliers et des piétons; dans le fond, un pays boisé.

B. h. 65 cent., l. 88 cent.

RECUEILS

d'Estampes en volumes et Ouvrages à figures, Galeries, et Livres sur les arts.

32. — Galerie du Palais-Royal, gravée d'après les tableaux qui la composent, avec Abrégé de la vie des peintres et une description historique de chaque tableau. J. Couché, graveur. 1 vol.

33. — Galerie des peintres flamands, hollandais et allemands, par Lebrun. 3 vol.

34. — Recueil d'estampes gravées d'après les tableaux

du cabinet du duc de Choiseul et du cabinet de Poulain. 2 vol.; en tout 247 planches.

35. — Recueil d'estampes gravées d'après les tableaux du cabinet Poulain. 1 vol.; 120 planches.

36. — Recueil contenant 38 sujets de paysages et animaux, composés et gravés à l'eau-forte par Demarne.

37. — Traité de la peinture, par Léonard de Vincy. 1 vol.

38. — Vie des peintres flamands et hollandais, par Descamps; réunie à celles des peintres italiens et français, par D'Argenville. 5 vol.

39. — Histoire de la peinture en Italie, par l'abbé Lanzi, traduit de l'italien. 5 vol.

40. — Sous ce numéro seront vendus quelques tableaux qui ne font pas partie de la collection.

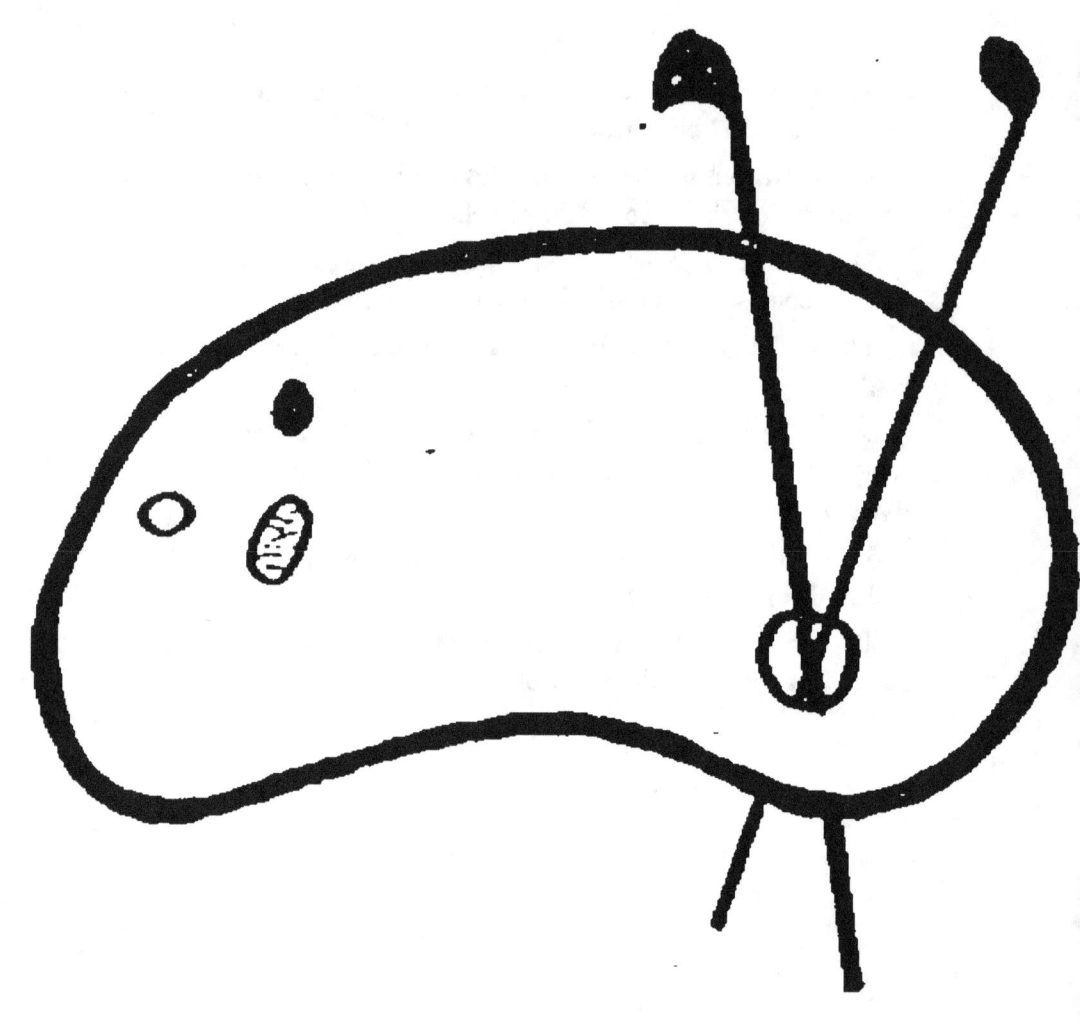

www.ingramcontent.com/pod-product-compliance
Lightning Source LLC
Chambersburg PA
CBHW030059230526
45471CB00003B/1172